大方廣佛華嚴經 寫經

15

🏵 일러두기

1. 『사경본 한글역 대방광불화엄경』은 『독송본 한문·한글역 대방광불화엄경』에 수록된 한글역을 사경하는 데 편의를 도모하기 위해 편집을 달리하여 간행한 것이다.

2. 『독송본 한문·한글역 대방광불화엄경』은 실차난타가 한역(695~699)한 80권 『대방광불화엄경』의 한문 원문과 한글역을 함께 수록한 것이다. 한문 저본은 고종 2년(1865) 월정사에서 인경한 고려대장경 『대방광불화엄경』이다.

3. 한글 번역은 동국역경원에서 발간한 한글 『대방광불화엄경』(운허)을 중심으로 하고 『신화엄경합론』(탄허)과 『대방광불화엄경 강설』(여천무비) 그리고 최근의 여타 번역본 등을 참조하였다.

4. 한글 번역은 독송과 사경을 위하여 정확성과 아울러 가독성을 고려하였다. 극존칭은 부처님과 불경계에 대해서만 사용하였다.

5. 사경본의 차례는 일러두기 → 한글역 본문 → 화엄경 목차 → 간행사이며 80권 『대방광불화엄경』의 권별 목차 순으로 독송본과 함께 간행한다. (법공양판에는 간행사 다음에 간행불사 동참자를 밝혀 두었다.)

사경본 한글역
대방광불화엄경 제15권

12. 현수품 [2]

수미해주

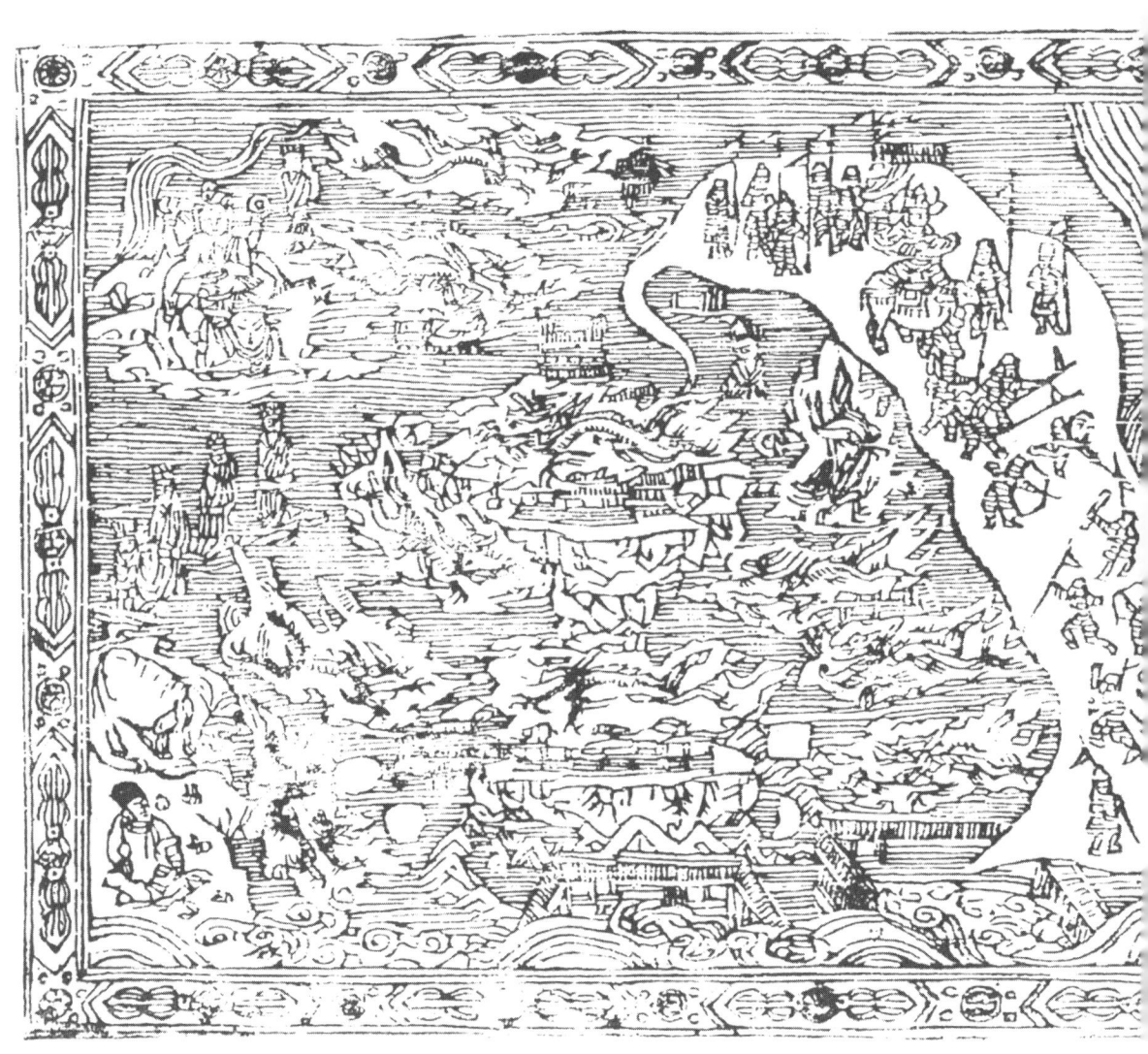

대방광불화엄경 제15권 변상도

대방광불화엄경
제15권

12. 현수품 [2]

_____ 은(는) 『대방광불화엄경』을
사경하는 인연공덕으로
『화엄경』이 널리 유통되고
우리 모두 다함께 보리 이루기를 발원하옵니다.

대방광불화엄경

제15권

12. 현수품 [2]

수승한 삼매가 있으니
이름이 안락이라
능히 모든 군생들을
널리 제도하며
부사의한
큰 광명을 놓아서

그것을 보는 이로 하여금
다 조복하게 하도다.

방광한 광명의
이름이 선현이라
만약 어떤 중생이
이 광명을 만나면
반드시 이익을 얻어
헛되지 않게 하니
이로 인해
위없는 지혜를 이루도다.

그 광명이
모든 부처님을 나타내 보이고
법을 보이고 스님을 보이고
바른 도를 보이며
또한 불탑과
형상을 보이니
이런 까닭에
이 광명을 이루었도다.

또 광명을 놓으니
이름이 조요라
일체 모든 하늘 광명을

덮어 가리며
있는 바 어두움의 장애를
없애지 않음이 없어서
널리 중생들을 위하여
이익을 짓도다.

이 광명이
일체 중생을 깨우쳐서
등불을 들어 부처님께
공양올리게 하니
등으로 모든 부처님께
공양올리는 까닭에

세상 가운데
위없는 등을 이루었도다.

모든 기름등과
연유등을 켜고
또한 갖가지
모든 밝은 횃불과
온갖 향과 미묘한 약과
으뜸가는 보배 촛불을 켜서
이것으로 부처님께 공양올려
이 광명을 얻었도다.

또 광명을 놓으니
이름이 제도라
이 광명이
능히 일체 중생을 깨우쳐서
그들로 하여금
큰 서원의 마음을 널리 내어서
욕망바다의 모든 군생들을
제도하여 해탈케 하도다.

만약 능히 큰 서원의 마음을
널리 내어서
욕망바다의 모든 군생들을

제도하여 해탈케 하면
능히 네 가지 폭류를
넘고 건너서
근심 없는 해탈성을
나타내 보여 인도하리라.

모든 다니는 길의
큰물이 있는 곳에
다리와 배와
뗏목을 만들되
유위를 비방하고
적정을 찬탄하니

이런 까닭에
이 광명을 이루었도다.

또 광명을 놓으니
이름이 멸애라
이 광명이
능히 일체 중생을 깨우쳐서
그들로 하여금
오욕을 버리고 여의어
오로지 해탈의 묘한 법의 맛을
생각하게 하도다.

만약 능히 오욕을
버리고 여의어
오로지 해탈의 묘한 법의 맛을
생각하면
곧 능히 부처님의
감로의 비로써
세간의 모든 갈애를
널리 소멸하리라.

못과 우물과
샘물을 보시하고
오로지 위없는

보리도를 구하되
오욕을 비방하고
선정을 찬탄하니
이런 까닭에
이 광명을 이루었도다.

또 광명을 놓으니
이름이 환희라
이 광명이
능히 일체 중생을 깨우쳐서
그들로 하여금
부처님의 보리를 애모하고

발심하여 스승 없는 도를
원하여 증득하게 하도다.

여래의 대비상을
만들어
온갖 모양으로 장엄하여
연화좌에 모시고
가장 수승한 모든 공덕을
항상 찬탄하니
이런 까닭에
이 광명을 이루었도다.

또 광명을 놓으니
이름이 애락이라
이 광명이
능히 일체 중생을 깨우쳐서
그들로 하여금 마음에
모든 부처님을 좋아하며
법을 좋아하고
여러 스님들을 좋아하게 하도다.

만약 항상 마음에
모든 부처님을 좋아하며
법을 좋아하고

여러 스님들을 좋아하면
곧 여래의
대중모임 가운데 있어서
위없는 깊은
법인을 이루리라.

한량없는 중생들을
열어 깨우쳐서
널리 불보와 법보와 승보를
생각하게 하며
그리고 발심의
공덕행을 보이니

이런 까닭에
이 광명을 이루었도다.

또 광명을 놓으니
이름이 복취라
이 광명이
능히 일체 중생을 깨우쳐서
갖가지 한량없는
보시를 행하여
이것으로 위없는 도를
원하여 구하게 하도다.

막거나 제한함이 없는
큰 보시 모임을 베풀어
와서 구하는 이들이
모두 만족하여
그 마음에 모자라는 바가
있지 않게 하니
이런 까닭에
이 광명을 이루었도다.

또 광명을 놓으니
이름이 구지라
이 광명이

능히 일체 중생을 깨우쳐서
한 법과
한 생각 가운데서
한량없는 모든 법문을
다 알게 하도다.

모든 중생들을 위하여
법을 분별하고
진실한 뜻을
결정코 요지함으로써
법과 뜻이 이지러지고 줄어듦이
없음을 잘 설하니

이런 까닭에
이 광명을 이루었도다.

또 광명을 놓으니
이름이 혜등이라
이 광명이
능히 일체 중생을 깨우쳐서
중생들로 하여금
성품이 공적하여
일체 모든 법이
있는 바가 없음을 알게 하도다.

모든 법이 공하여
주인이 없어서
환과 같고 불꽃과 같고
물속의 달과 같으며
내지 마치 꿈과 같고
영상과 같음을 연설하니
이런 까닭에
이 광명을 이루었도다.

또 광명을 놓으니
이름이 법자재라
이 광명이

능히 일체 중생을 깨우쳐서
다함없는
다라니를 얻어서
일체 모든 부처님 법을
다 지니게 하도다.

법을 지닌 자를
공경하고 공양올리며
모든 현인과 성인들을
시중들고 수호하여
갖가지 법으로
중생들에게 베푸니

이런 까닭에
이 광명을 이루었도다.

또 광명을 놓으니
이름이 능사라
이 광명이
간탐 중생들을 깨우쳐서
재보가 모두
항상하지 않음을 알아서
늘 보시를 즐겨하여
마음에 집착이 없게 하도다.

간탐의 마음은
조복하기 어려우나 능히 조복하고
재물은 꿈과 같고
뜬구름과 같음을 알아서
보시하는
청정한 마음을 증장하니
이런 까닭에
이 광명을 이루었도다.

또 광명을 놓으니
이름이 제열이라
이 광명이

능히 파계한 이를 깨우쳐서
널리 청정한 계를
받아 지녀서
발심하여 스승 없는 도를
원하여 증득케 하도다.

중생들에게 계를 받아 지니도록
권하고 이끌어서
열 가지 선업도를
다 청정케 하며
또 보리심을 일으켜
향하게 하니

이런 까닭에
이 광명을 이루었도다.

또 광명을 놓으니
이름이 인엄이라
이 광명이
성내는 이를 깨우쳐서
그로 하여금 성냄을 제거하고
아만을 여의어
인욕하고 부드럽고
온화한 법을 항상 즐기게 하도다.

중생들의 포악함이
참기 어렵거늘
보리를 위한 연고로
마음이 움직이지 아니하여
참는 공덕 칭찬하기를
항상 즐기니
이런 까닭에
이 광명을 이루었도다.

또 광명을 놓으니
이름이 용맹이라
이 광명이

게으른 이를 깨우쳐서

그가 항상

삼보 가운데

공경하고 공양올리되

피로해 하거나 싫어함이 없게 하도다.

만약 그가 항상

삼보 가운데

공경하고 공양올리되

피로해 하거나 싫어함이 없으면

곧 능히 네 가지 마의

경계에서 벗어나서

속히 위없는
부처님의 보리를 이루리라.

중생들을 권하여 교화해서
정진하여
항상 부지런히
삼보께 공양올리게 하며
법이 멸하려 할 때
오로지 수호하니
이런 까닭에
이 광명을 이루었도다.

또 광명을 놓으니
이름이 적정이라
이 광명이 능히
생각이 산란한 이를 깨우쳐서
그로 하여금 탐욕과 성냄과
어리석음을 멀리 여의어
마음이 동요하지 않고
바르고 안정하게 하도다.

일체 악지식의
뜻 없는 말과
잡되고 물든 행을

버리고 여의며
선정과 아란야를
찬탄하니
이런 까닭에
이 광명을 이루었도다.

또 광명을 놓으니
이름이 혜엄이라
이 광명이
어리석고 미혹한 이를 깨우쳐서
그로 하여금 진리를 증득하고
연기를 알아서

모든 근과 지혜를
다 통달하게 하도다.

만약 능히 진리를 증득하고
연기를 알아서
모든 근과 지혜를
다 통달하면
곧 일등삼매법을
얻어서
지혜의 광명으로
불과를 이루리라.

국토와 재물과 자기 몸까지
모두 능히 버리고
보리를 위하여
바른 법을 구하며
듣고 나서 오로지
부지런히 중생들을 위해 설하니
이런 까닭에
이 광명을 이루었도다.

또 광명을 놓으니
이름이 불혜라
이 광명이

모든 중생들을 깨우쳐서
한량없고 가없는
부처님께서
각각 보배 연꽃 위에
앉아 계심을 보게 하도다.

부처님의 위덕과
해탈을 찬탄하고
부처님의 한량없는
자재를 말하며
부처님의 힘과 신통을
나타내 보이니

이런 까닭에
이 광명을 이루었도다.

또 광명을 놓으니
이름이 무외라
이 광명이
두려워하는 이들을 비추어
사람 아닌 이들이 가지고 있는
모든 독해
일체를 모두 빨리 제거해
멸하게 하도다.

능히 중생들에게
두려움 없음을 보시하여
고뇌와 독해가 있는 이를 만나면
다 권하여 그치게 하며
액난과
고독하고 궁핍한 이를 구제하니
이것으로
이 광명을 이루었도다.

또 광명을 놓으니
이름이 안은이라
이 광명이

능히 질병 있는 이들을 비추어
일체 모든 고통을
제거하여
모두 바르고 안정된 삼매의
즐거움을 얻게 하도다.

좋은 약을 보시하여
온갖 병환을 구제하고
묘한 보배로 수명을 연장하고
향을 몸에 바르며
연유와 기름과 우유와 꿀로
음식을 보충하니

이것으로
이 광명을 이루었도다.

또 광명을 놓으니
이름이 견불이라
이 광명이
장차 죽을 자를 깨우쳐서
기억하고 생각함을 따라
여래를 친견하고
목숨이 마치면
그 정토에 태어나게 하도다.

임종을 보면
염불을 권하고
또 존상을 보여
우러러 공경하게 하며
부처님 처소에
깊이 귀의하여 우러르게 하니
이런 까닭에
이 광명을 이루었도다.

또 광명을 놓으니
이름이 낙법이라
이 광명이

능히 일체 중생을 깨우쳐서
바른 법을
항상 기뻐하고 즐겨서
듣고 연설하고
베껴 쓰게 하도다.

법이 다하려 할 때
능히 연설하여
법을 구하는 이들로 하여금
뜻에 충만하며
법을 사랑하고 즐기며
부지런히 수행하게 하니

이런 까닭에
이 광명을 이루었도다.

또 광명을 놓으니
이름이 묘음이라
이 광명이
모든 보살들을 열어 깨우쳐서
능히 삼계에 있는
소리가
듣는 이에게
다 여래의 음성이 되게 하도다.

큰 음성으로
부처님을 칭찬하며
요령과 목탁으로
모든 음악을 베풀어
널리 세간으로 하여금
부처님 음성을 듣게 하니
이런 까닭에
이 광명을 이루었도다.

또 광명을 놓으니
이름이 시감로라
이 광명이

일체 중생을 열어 깨우쳐서
일체 방일한 행을
버리고
모든 공덕을 구족하게
닦아 익히게 하도다.

유위법은
안락하지 않음이라
한량없는 고뇌가
다 가득하다 말하고
항상 즐거이 적멸락을
칭찬하여 드날리니

이런 까닭에
이 광명을 이루었도다.

또 광명을 놓으니
이름이 최승이라
이 광명이
일체 중생을 열어 깨우쳐서
부처님 처소에서
널리 계와
정과 지혜의
높은 법을 듣게 하도다.

항상 즐거이
일체 부처님의
수승한 계와 수승한 정과
수승한 혜를 칭찬하여 드날려서
이와 같이
위없는 도를 구하니
이런 까닭에
이 광명을 이루었도다.

또 광명을 놓으니
이름이 보엄이라
이 광명이

능히 일체 중생을 깨우쳐서
다함없는
보배창고를 얻어서
이것으로 모든 여래께
공양올리게 하도다.

모든 갖가지
최상의 묘한 보배로
부처님과 불탑에
받들어 보시하며
또한 모든 가난하고
궁핍한 이에게 보시하니

이런 까닭에
이 광명을 이루었도다.

또 광명을 놓으니
이름이 향엄이라
이 광명이
능히 일체 중생을 깨우쳐서
그것을 듣는 이로 하여금
뜻에 기뻐하여
결정코 마땅히
부처님의 공덕을 이루게 하도다.

인간과 천신의 묘한 향으로
땅에 발라서
일체 가장 수승한 주인에게
공양올리고
또한 탑과
불상을 조성하니
이런 까닭에
이 광명을 이루었도다.

또 광명을 놓으니
이름이 잡장엄이라
보배깃대와 깃발과

일산이 한량없으며
향을 사르고 꽃을 뿌리고
온갖 음악을 연주하여
도성과 고을의 안과 밖에
다 충만하도다.

본래 미묘한
기악음과
온갖 향과 묘한 꽃과
깃대와 일산 등
갖가지 장엄으로
부처님께 공양올리니

이런 까닭에
이 광명을 이루었도다.

또 광명을 놓으니
이름이 엄결이라
땅이 평탄하기가
마치 손바닥 같게 하여서
부처님 탑과
그곳을 장엄하니
이런 까닭에
이 광명을 이루었도다.

또 광명을 놓으니
이름이 대운이라
능히 향기구름을 일으켜
향수를 비내려서
물로
탑과 정원을 깨끗하게 하니
이런 까닭에
이 광명을 이루었도다.

또 광명을 놓으니
이름이 엄구라
헐벗은 이로 하여금

좋은 옷을 얻게 하며
몸을 장엄하는
미묘한 물건을 보시하니
이런 까닭에
이 광명을 이루었도다.

또 광명을 놓으니
이름이 상미라
능히 배고픈 이로 하여금
좋은 음식을 얻게 하며
갖가지 진수성찬을
보시하니

이런 까닭에
이 광명을 이루었도다.

또 광명을 놓으니
이름이 대재라
가난하고 궁핍한 이로 하여금
보배창고를 얻게 하며
다함없는 물건으로
삼보께 보시하니
이런 까닭에
이 광명을 이루었도다.

또 광명을 놓으니
이름이 안청정이라
능히 눈먼 이로 하여금
온갖 빛깔을 보게 하며
등으로
부처님과 불탑에 보시하니
이런 까닭에
이 광명을 이루었도다.

또 광명을 놓으니
이름이 이청정이라
능히 귀먹은 이로 하여금

모두 잘 듣게 하며
부처님과 불탑에
악기를 연주하여 즐겁게 하니
이런 까닭에
이 광명을 이루었도다.

또 광명을 놓으니
이름이 비청정이라
예전에 맡지 못하던 향기를
다 맡게 하며
향으로
부처님과 불탑에 보시하니

이런 까닭에
이 광명을 이루었도다.

또 광명을 놓으니
이름이 설청정이라
능히 아름다운 음성으로
부처님을 칭찬하게 하며
추악하여 좋지 않은 말을
길이 없애니
이런 까닭에
이 광명을 이루었도다.

또 광명을 놓으니
이름이 신청정이라
모든 근이 결핍된 자를
구족하게 하며
몸으로
부처님과 불탑에 예배하니
이런 까닭에
이 광명을 이루었도다.

또 광명을 놓으니
이름이 의청정이라
마음을 잃은 이로 하여금

바른 생각을 얻게 하며
삼매를 수행하여
모두 자재하니
이런 까닭에
이 광명을 이루었도다.

또 광명을 놓으니
이름이 색청정이라
생각하기 어려운
모든 부처님의 색상을 보게 하며
온갖 미묘한 빛깔로
탑을 장엄하니

이런 까닭에
이 광명을 이루었도다.

또 광명을 놓으니
이름이 성청정이라
소리의 성품이
본래 공적함을 알게 하며
소리의 연기가
골짜기의 메아리와 같음을 관하니
이런 까닭에
이 광명을 이루었도다.

또 광명을 놓으니
이름이 향청정이라
모든 더러운 냄새를
다 향기롭고 깨끗하게 하며
향수로
탑과 보리수를 씻으니
이런 까닭에
이 광명을 이루었도다.

또 광명을 놓으니
이름이 미청정이라
능히 일체 맛 가운데

독을 제거하며
항상 부처님과 스님과
부모에게 공양올리니
이런 까닭에
이 광명을 이루었도다.

또 광명을 놓으니
이름이 촉청정이라
능히 나쁜 촉감을
다 유연하게 하며
창과 칼이 허공에서
비내리듯 하여도

모두 변화시켜
미묘한 꽃다발이 되게 하도다.

옛적에 일찍이
도로 가운데서
향을 바르고 꽃을 뿌리고
의복을 펴서
여래를 맞이하고 보낼 때
그 위를 밟으시게 했으니
이런 까닭에 광명이
이와 같음을 지금 얻도다.

또 광명을 놓으니
이름이 법청정이라
능히 일체
모든 모공으로 하여금
다 부사의한
묘한 법을 연설하여
듣는 중생들이
모두 기뻐하며 깨닫게 하도다.

인연으로 나는 것은
남이 아니고
모든 부처님의 법신은

몸이 아니며
법성이 상주함이
허공과 같으니
그 이치를 설하므로
광명이 이와 같도다.

이와 같은 종류의
광명문들이
항하의 모래처럼
그 수가 한량없음이라
모두 큰 선인의 모공을
좇아 나와서

낱낱이 업을 지으니
각각 차별하도다.

한 모공에서 놓은
광명이
한량없고 셀 수 없어
항하의 모래 수와 같은데
일체 모공도
다 또한 그러하니
이것은 큰 선인의
삼매의 힘이로다.

그 본래 행한 대로
얻은 광명이
그 숙세의 인연과
함께 행한 이를 따라서
이제 광명을 놓은 까닭에
이와 같으니
이것은 큰 선인의 지혜가
자재함이로다.

지난 옛적에
복업을 함께 닦으며
사랑하고 즐거워하고

능히 따라 기뻐하며
그 지은 바를 보는 것도
또한 다시 그러하니
그들이 이 광명에서
모두 볼 수 있도다.

만약 온갖 복업을
스스로 닦으며
한량없는 모든 부처님께
공양올리며
부처님의 공덕을
항상 원하고 구함이 있으면

이것이 이 광명의
열어 깨우치는 바이니라.

비유하면 날 때부터 눈먼 이가
해를 보지 못하나
세간에 해가 뜸이
없는 것이 아니니
모든 눈 있는 이들은
다 밝게 보아서
각각 힘쓰는 바를 따라
그 업을 닦는 것과 같으니라.

대사의 광명도
또한 이와 같아서
지혜가 있는 이들은
모두 다 보지만
범부와 삿되게 믿는 이와
소견 좁은 이들은
이 광명을
능히 보지 못하느니라.

마니로 된 궁전과
연 수레를
미묘한 보배와 신령스런

향수로 발라 빛나게 하니
복덕이 있는 이는
자연히 갖출 것이고
복덕이 없는 이는
능히 머무를 곳이 아니니라.

대사의 광명도
또한 이와 같아서
깊은 지혜가 있는 이는
다 비추지만
삿된 믿음과 소견 좁은 범부와
어리석은 이는

이 광명을
능히 보지 못하리라.

만약 어떤 이가
이 광명의 차별을 듣고
능히 청정하고 깊은 믿음과
이해를 내면
일체 모든 의심의 그물을
영원히 끊고
속히 위없는 공덕의 깃대를
이루리라.

수승한 삼매가 있으니
능출현이라
권속과 장엄이
모두 자재하여
일체의 시방
모든 국토에
불자들의 대중모임에
짝할 것이 없도다.

묘한 연꽃이 있어
광명으로 장엄하되
양이 삼천대천세계와

같은데
그 몸이 단정히 앉아
다 충만하니
이것이 이 삼매의
신통력이로다.

다시 열 세계
미진수의
미묘하게 아름다운 연꽃이
둘러싸고 있는데
모든 불자 대중들이
그 가운데 앉았으니

이 삼매에 머무른
위신력이로다.

지난 세상에
좋은 인연을 성취하고
부처님의 공덕을
구족하게 수행한
이러한 중생들이
보살을 둘러싸고
다함께 합장하여
즐겨보도다.

마치 밝은 달이
별 가운데 있는 것과 같이
보살이 대중 가운데 있는 것도
또한 다시 그러하며
대사의 행하는 바
법도 이와 같으니
이 삼매에 들어간
위신력이로다.

하나의 방소에서
나타내 보인 것에
모든 불자 대중들이

함께 둘러싸고 있듯이
일체 방소에서도
모두 그러하니
이 삼매에 머무른
위신력이로다.

수승한 삼매가 있으니
이름이 방망이라
보살이 여기에 머물러
널리 열어 보여서
일체 방위 가운데
널리 몸을 나타내되

혹은 정에 들어가고
혹은 정에서 나옴을 나타내도다.

혹은 동방에서
바른 정에 들어가
서방에서
정으로 좇아 나오며
혹은 서방에서
바른 정에 들어가
동방에서
정으로 좇아 나오도다.

혹은 나머지 방위에서
바른 정에 들어가
나머지 방위에서
정으로 좇아 나오며
이와 같이 들어가고 나옴이
시방에 두루하니
이 이름이
보살의 삼매력이로다.

동방으로 끝까지
모든 국토에
계시는 여래께서

한량없으신데
그 앞에 다 나타나
널리 친근하여
삼매에 머물러서
고요히 움직이지 않도다.

서방의
모든 세계의
일체 모든 부처님
여래의 처소에서
삼매로 좇아
일어나서

한량없는 모든 공양을
널리 닦음을 다 나타내도다.

서방으로 끝까지
모든 국토에
계시는 부처님께서
한량없으신데
그 앞에 다 나타나서
널리 친근하여
삼매에 머물러서
고요히 움직이지 않도다.

동방의
모든 세계의
일체 모든 부처님
여래의 처소에서
삼매로 좇아
일어나서
한량없는 모든 공양을
널리 닦음을 다 나타내도다.

이와 같이
시방의 모든 세계에
보살들이 남김 없이

다 들어가서
혹은 삼매에서
고요히 움직이지 않음을 나타내고
혹은 부처님께
공경하고 공양올림을 나타내도다.

안근 가운데서
바른 정에 들어가
색진 가운데서
정으로 좇아 나와서
색의 성품이
부사의함을 나타내 보이니

일체 천신과 사람이
능히 알 수 없느니라.

색진 가운데서
바른 정에 들어가
안근에서 정으로부터 일어나도
마음이 산란하지 않으니
안근은 생겨남도 없고
일어남도 없어서
성품이 공하고 적멸하여
짓는 바가 없음을 설하니라.

이근 가운데서
바른 정에 들어가
성진 가운데서
정으로 좇아 나오며
일체 말과
음성을 분별하니
모든 천신과 세상 사람들이
능히 알지 못하니라.

성진 가운데서
바른 정에 들어가
이근에서 정으로부터 일어나도

마음이 산란하지 않으니
이근은 생겨남도 없고
일어남도 없어서
성품이 공하고 적멸하여
짓는 바가 없음을 설하니라.

비근 가운데서
바른 정에 들어가
향진 가운데서
정으로 좇아 나오며
일체 가장 미묘한 향을
널리 얻으나

모든 천신과 세상 사람들이
능히 알지 못하니라.

향진 가운데서
바른 정에 들어가
비근에서 정으로부터 일어나도
마음이 산란하지 않으니
비근은 생겨남도 없고
일어남도 없어서
성품이 공하고 적멸하여
짓는 바가 없음을 설하니라.

설근 가운데서
바른 정에 들어가
미진 가운데서
정으로 좇아 나오며
일체 모든 좋은 맛을
널리 얻으나
모든 천신과 세상 사람들이
능히 알지 못하니라.

미진 가운데서
바른 정에 들어가
설근에서 정으로부터 일어나도

마음이 산란하지 않으니
설근은 생겨남도 없고
일어남도 없어서
성품이 공하고 적멸하여
짓는 바가 없음을 설하니라.

신근 가운데서
바른 정에 들어가
촉진 가운데서
정으로 좇아 나오며
일체 촉을
잘 능히 분별하니

모든 천신과 세상 사람들이
능히 알지 못하니라.

촉진 가운데서
바른 정에 들어가
신근에서 정으로부터 일어나도
마음이 산란하지 않으니
신근은 생겨남도 없고
일어남도 없어서
성품이 공하고 적멸하여
짓는 바가 없음을 설하니라.

의근 가운데서
바른 정에 들어가
법진 가운데서
정으로 좇아 나오며
일체 모든 법의
모양을 분별하니
모든 천신과 세상 사람들이
능히 알지 못하느니라.

법진 가운데서
바른 정에 들어가
의근을 좇아 정에서 일어나도

마음이 산란하지 않으니
의근은 생겨남도 없고
일어남도 없어서
성품이 공하고 적멸하여
짓는 바가 없음을 설하니라.

동자의 몸 가운데서
바른 정에 들어가
장년의 몸 가운데서
정으로 좇아 나오고
장년의 몸 가운데서
바른 정에 들어가

노년의 몸 가운데서
정으로 좇아 나오며

노년의 몸 가운데서
바른 정에 들어가
선여인의 몸 가운데서
정으로 좇아 나오고
선여인의 몸 가운데서
바른 정에 들어가
선남자의 몸 가운데서
정으로 좇아 나오며

선남자의 몸 가운데서
바른 정에 들어가
비구니의 몸에서
정으로 좇아 나오고
비구니의 몸에서
바른 정에 들어가
비구의 몸 가운데서
정으로 좇아 나오며

비구의 몸 가운데서
바른 정에 들어가
학과 무학의 몸에서

정으로 좇아 나오고
학과 무학의 몸에서
바른 정에 들어가
벽지불의 몸에서
정으로 좇아 나오며

벽지불의 몸에서
바른 정에 들어가
여래를 나타낸 몸에서
정으로 좇아 나오고
여래의 몸에서
바른 정에 들어가

모든 천신의 몸 가운데서
정으로 좇아 나오며

모든 천신의 몸 가운데서
바른 정에 들어가
큰 용의 몸 가운데서
정으로 좇아 나오고
큰 용의 몸 가운데서
바른 정에 들어가
야차의 몸 가운데서
정으로 좇아 나오며

야차의 몸 가운데서
바른 정에 들어가
귀신의 몸 가운데서
정으로 좇아 나오고
귀신의 몸 가운데서
바른 정에 들어가
한 모공 가운데서
정으로 좇아 나오며

한 모공 가운데서
바른 정에 들어가
일체 모공에서

정으로 좇아 나오고
일체 모공에서
바른 정에 들어가
한 털끝에서
정으로 좇아 나오며

한 털끝에서
바른 정에 들어가
한 미진 가운데서
정으로 좇아 나오고
한 미진 가운데서
바른 정에 들어가

일체 티끌 가운데서
정으로 좇아 나오니라.

일체 티끌 가운데서
바른 정에 들어가
금강지 가운데서
정으로 좇아 나오고
금강지 가운데서
바른 정에 들어가
마니나무 위에서
정으로 좇아 나오며

마니나무 위에서
바른 정에 들어가
부처님 광명 가운데서
정으로 좇아 나오고
부처님 광명 가운데서
바른 정에 들어가
강과 바다 가운데서
정으로 좇아 나오며

강과 바다 가운데서
바른 정에 들어가
화대 가운데서

정으로 좇아 나오고
화대 가운데서
바른 정에 들어가
풍대에서 정으로부터 일어나도
마음이 산란하지 않으며

풍대 가운데서
바른 정에 들어가
지대 가운데서
정으로 좇아 나오고
지대 가운데서
바른 정에 들어가

하늘궁전에서
정으로 좇아 나오며

하늘궁전에서
바른 정에 들어가
허공에서 정으로부터 일어나도
마음이 산란하지 않느니라.

이 이름이
한량없는 공덕자의
삼매가 자재하여
사의하기 어려움이니

시방의 일체
모든 여래께서
한량없는 겁 동안 설하셔도
다함이 없느니라.

일체 여래께서
다함께 설하시되
중생의 업보는
사의하기 어려우며
모든 용왕들의 변화와
부처님의 자재하심과
보살의 신력도

또한 헤아리기 어려우니라.

비유로
나타내 보이려하되
마침내 능히
이것을 비유할 비유가 없거니와
그러나 모든 지혜 있고
총명하여 달통한 사람은
비유를 말미암은 까닭에
그 뜻을 아느니라.

성문은 마음이

팔해탈에 머물러서
있는 바의 변화하여 나타냄이
모두 자재하여
능히 한 몸으로써
많은 몸을 나타내고
다시 많은 몸으로써
한 몸이 되게 하며

허공 가운데서
화정에 들어가며
가고 머무르고 앉고 누움이
다 허공에 있으면서

몸 위에서는 물을 뿜고
몸 아래에서는 불을 뿜으며
몸 위에서는 불을 뿜고
몸 아래에서는 물을 뿜음이라

이와 같이
모두 한 생각 가운데서
갖가지로 자재하여
한량없으니
그들은 큰 자비를
구족하지 못하여
중생들을 위해

불도를 구하지 아니하되
오히려 이러한 사의하기 어려운
일을 능히 나타내는데
하물며 큰 요익의
자재한 힘이리오.

비유하면 해와 달이
허공에 떠 있음에
영상이 시방에
널리 두루하여
샘과 못과 큰 못과
그릇 속의 물과

온갖 보배강과 바다에
나타나지 않음이 없듯이

보살의 색상도
또한 다시 그러하여
시방에 널리 나타남이
부사의하니
이것은 모두 삼매의
자재한 법이라
오직 여래만이
능히 증득해 아시도다.

마치 깨끗한 물에 비친
네 종류 병정의 형상이
각각 달라
서로 섞이지 않는지라
칼과 창과 활과 화살의
종류가 매우 많고
갑옷과 투구와 수레가
한 종류가 아니라

그 있는 바
모양의 차별을 따라서
다 물 가운데

나타내지 않음이 없되
물은 본래
스스로 분별함이 없듯이
보살의 삼매도
또한 이와 같으니라.

바다 가운데 신이 있으니
이름이 선음이라
그 소리가
바다 중생들을 널리 수순하여
가지고 있는 언어들을
모두 잘 말하여

그 일체로 하여금
다 기쁘게 하도다.

그 신은 탐욕과 성냄과
어리석음이 갖추어져 있으나
오히려 능히 일체 소리를
잘 아는데
하물며 다시 모두를 지녀
자재한 힘이
능히 중생들을
기쁘게 하지 못하리오.

한 부인이 있어
이름이 변재이니
부모가 하늘에 구하여
낳은지라
만약 악을 여의고
진실을 좋아하는 이가 있으면
그 몸에 들어가서
묘한 변재를 내느니라.

그 부인은 탐욕과 성냄과
어리석음이 있으나
오히려 능히 행을 따라

변재를 주는데
어찌 하물며
보살이 지혜를 갖추고
능히 중생들에게
이익을 주지 못하리오.

비유하면 마술사가
환법을 알아서
능히 갖가지
한량없는 일을 나타내되
잠깐 동안에
오랜 세월과

도성과 고을이 풍요하여
크게 안락함을 지어 보임과 같으니라.

마술사는 탐욕과 성냄과
어리석음이 갖추어져 있으나
오히려 환술의 힘으로
세간을 기쁘게 하는데
하물며 다시
선정과 해탈의 힘이
능히 중생들을
기쁘게 하지 못하리오.

천신과 아수라가
전쟁을 할 때
아수라가 패하여
달아나면
병장기와 수레와
군대들이
일시에 숨어버려
볼 수 없느니라.

그들은 탐욕과 성냄과
어리석음이 있으나
오히려 능히 변화함이

부사의한데
하물며 신통과
두려움 없는 법에 머무르면서
어찌 능히 자재함을
나타내지 못하리오.

석제환인에게
코끼리왕이 있으니
그는 천주가 가고자 하는
때를 알아서
스스로 머리를
서른 셋으로 변화하여 짓되

낱낱이 여섯 상아를
모두 구족하며

낱낱의 상아 위에
일곱 연못의 물이
청정하고 향기롭고
맑게 가득하며
낱낱의 청정한
연못물 가운데
각기 일곱 송이 연꽃이
미묘하게 장식했는데

그 모든
장식한 연꽃 위에
각각 일곱 하늘의
옥녀들이 있어
모두 훌륭한 기예로
온갖 음악을 연주하여
제석천왕과 더불어
서로 즐기느니라.

그 코끼리가 혹은
다시 본래의 모습을 버리고
스스로 그 몸을 모든 천신들과

한가지로 변화시키니
위의와 나아가고 그침이
다 가지런히 같은지라
이러한 변화하여 나타내는
신통력을 가졌느니라.

그 코끼리는 탐욕과 성냄과
어리석음이 있으나
오히려 능히 이러한
모든 신통을 나타내는데
어찌 하물며 방편과
지혜를 구족하고

모든 정에
자재하지 못하리오.

아수라가 변화하여
지은 몸이
금강제를 밟고
바다 가운데 서니
바닷물이 지극히 깊어도
겨우 그 반이고
머리는 수미산과 한가지로
가지런히 같으니

그가 탐욕과 성냄과
어리석음이 있으나
오히려 능히
이러한 큰 신통을 나타내는데
하물며 마와 원수를 항복 받은
세상을 비추는 등불이
자재한 위신력이
없으리오.

천신과 아수라가 함께
싸울 때에
제석천신의 신통력을

생각하기 어려우니
아수라 군의
대중 수를 따라서
몸을 그들과 같게
나타내어 대적하는데

모든 아수라가
이 생각을 하되
제석환인이
우리를 향하여 오면
반드시 내 몸을
다섯 가지로 결박한다 하여

이로 말미암아
그 대중들이 다 근심하느니라.

제석천신이 몸을 나타내니
천 개의 눈이 있고
손으로 금강저를 가져
불꽃을 내고
갑옷을 입고 창을 든 것이
지극히 위엄 있어
아수라들이 바라보고
다 물러가 항복하니

그는 미미하고
적은 복덕의 힘으로도
오히려 능히
큰 원수와 적을 꺾어 부수는데
어찌 하물며
일체를 제도할 자가
공덕을 구족하여
자재하지 못하리오.

도리천 가운데
하늘북이 있으니
하늘의 업보로 좇아

생긴 것이라
모든 하늘 대중들이
방일할 때를 알아서
허공 가운데서
자연히 이 소리를 내느니라.

일체 오욕이
모두 무상함이라
물거품과 같아
성품이 헛된 것이며
모든 것이 꿈과 같고
아지랑이와 같으며

또한 뜬구름과
물속의 달과 같으니라.

방일함은
원수가 되고 고뇌가 되며
감로의 길이 아니고
생사의 길이니
만약 모든
방일한 행을 지으면
죽음이라는 큰 물고기의
입에 들어가리라.

세간에 있는
온갖 고통의 근본을
일체 성인이
다 싫어하고 근심하며
오욕은 공덕을 파괴하고
없애는 성품이니
그대들은 마땅히 진실한 법을
사랑하고 즐길지니라.

삼십삼천이
이 소리를 듣고
다함께

선법당에 올라오니
제석천신이 위하여
미묘한 법을 설하여
모두 적멸을 수순하고
탐애를 제거하게 하느니라.

저 소리는 형상이 없어
볼 수 없으나
오히려 능히 모든 하늘 대중들을
이익하게 하거늘
하물며 마음이 즐겨함을 따라
색신을 나타내어

모든 군생들을
제도하지 못하리오.

천신과 아수라가
함께 싸울 때에
모든 천신들의
복덕이 수승한 힘으로
하늘북이 소리를 내어
그 대중들에게 고하되
'그대들은 마땅히 근심하고
두려워하지 말라'고 하니

모든 천신들이
이 고하는 소리를 듣고
근심과 두려움을 다 제거하고
더욱 힘을 더하니
그때에 아수라는
마음이 떨리고 두려워서
거느린 장병들이
다 달아나느니라.

감로의 묘한 선정이
하늘북과 같아서
항상 마군을 항복시키는

고요한 소리를 내어서
대비로 애민히 여겨
일체를 구호하여
널리 중생들에게
번뇌를 멸하게 하느니라.

제석천왕이
널리 구십이 나유타의
모든 천녀들을
응대하여
그들로 하여금
각각 마음속으로

'천왕이 나하고만 즐긴다'고
생각하게 하느니라.

천녀들 가운데
몸이 널리 응대함과 같이
선법당 안에서도
또한 이와 같아서
능히 한 생각에
신통을 나타내어
그 앞에 다 이르러
위하여 법을 설하니라.

제석천왕이 탐욕과 성냄과
어리석음을 갖추었으나
능히 권속들로 하여금
다 환희하게 하는데
하물며 큰 방편과
신통력이
능히 일체로 하여금
기쁘게 하지 못하리오.

타화자재
여섯 천왕이
욕계 가운데서

자재함을 얻으니
업과 미혹과 고통으로
그물을 삼아
일체 모든 범부들을
속박하느니라.

그는 탐욕과 성냄과
어리석음이 있으나
오히려 중생들에게
자재한데
하물며 열 가지
자재한 힘을 구족하고

능히 대중들로 하여금
같이 행하게 하지 못하리오.

삼천세계의
대범왕이
일체의 범천이
머무르는 곳에
다 능히 몸을 나타내어
그들 앞에 앉아서
미묘한 법음성을
연설하느니라.

그가 세간의
법도 가운데 머무르되
선정과 신통이
오히려 뜻과 같거늘
하물며 세간을 벗어나
위가 없으니
선정과 해탈에서
자재하지 않으리오.

마혜수라는
지혜가 자재하여
큰 바다의 용왕이

비를 내릴 때에
그 빗방울을
다 능히 분별하여 헤아려서
한 생각 가운데
다 변별하여 아느니라.

한량없는 억겁에
부지런히 닦고 배워서
위없는
보리 지혜를 얻었으니
어찌
한 생각 가운데

널리 일체 중생의 마음을
알지 못하리오.

중생의 업보가
부사의하여
큰 바람의 힘으로
세간의
큰 바다와 모든 산과
하늘궁전과
온갖 보배광명과
만물 종류들을 일으키며

또한 능히 구름을 일으켜
큰비를 내리고
또한 능히 모든 구름의 기운을
흩어 없애며
또한 능히 일체 곡식을
성숙하게 하고
또한 능히 모든 군생들을
안락하게 하느니라.

바람은 능히 바라밀을
배우지 않고
또한 부처님의 모든 공덕도

배우지 않았으나
오히려 불가사의한 일을
이루는데
어찌 하물며 모든 원을
구족한 자이리오.

남자와 여인의
갖가지 음성과
일체 새와 짐승의
모든 음성과
큰 바다와 내의 흐름과
우레 소리도

다 능히 중생의 뜻에 맞아
기쁘게 하거늘

하물며 다시 소리의 성품이
메아리와 같은 줄 알아서
걸림이 없는
묘한 변재를 얻어
널리 중생에게 응하여
법을 설하니
능히 세간으로 하여금
기쁘게 하지 못하리오.

바다에는 희유하고 기이하고
특수한 법이 있어
능히 일체에 평등한
도장이 됨이라
중생과 보물과
내의 흐름을
널리 다 포용하고
거부함이 없느니라.

다함없는 선정과
해탈한 이가
평등한 도장이 됨도

또한 이와 같아서
복덕과 지혜와
모든 묘한 행을
일체 널리 닦아
싫어함이 없느니라.

큰 바다의 용왕이
유희할 때에
널리 모든 곳에서
자재를 얻어
구름을 일으켜
사천하에 두루 충만하니

그 구름이 갖가지로
장엄한 빛깔이니라.

제육
타화자재천에는
그곳 구름 빛은
진금과 같으며
화락천 위에는
붉은 진주 빛이고
도솔타천에는
서리와 눈 빛이며

야마천 위에는
유리 빛이고
삼십삼천에는
마노 빛이며
사왕천 위에는
파려 빛이고
큰 바다 물 위에는
금강 빛이며

긴나라 가운데는
묘한 향기 빛이고
모든 용이 머무르는 곳에는

연꽃 빛이며
야차가 머무르는 곳에는
흰 거위 빛이고
아수라 가운데는
산의 돌 빛이며

울단월처에는
금 불꽃 빛이고
염부제 가운데는
푸른 보배 빛이며
나머지 두 천하는
잡색의 장엄이니

중생들의 좋아하는 바를 따라
응하느니라.

또 다시
타화자재천에는
구름 가운데의 번개는
밝기가 햇빛과 같으며
화락천 위에는
달빛과 같고
도솔천 위에는
염부금 빛이며

야마천 위에는
흰 눈 빛이고
삼십삼천은
금 불꽃 빛이며
사왕천 위에는
온갖 보배 빛이고
큰 바다 가운데는
붉은 진주 빛이며

긴나라 세계에는
유리 빛이고
용왕이 머무르는 곳에는

보배창고 빛이며
야차가 머무르는 곳에는
파려 빛이고
아수라 가운데는
마노 빛이며

울단월 경계에는
불구슬의 빛이고
염부제 가운데는
제청의 빛이며
나머지 두 천하에는
잡색의 장엄이니

구름빛의 모습같이
번개도 또한 그러하니라.

타화자재천의 우레 소리는
범음과 같고
화락천 가운데는
큰 북 소리이며
도솔천 위에는
노래 소리이고
야마천 위에는
천녀의 음성이며

저 삼십삼천
위에는
긴나라의
갖가지 음성과 같고
세상을 보호하는 사천왕의
모든 하늘 처소에는
건달바가 내는
소리와 같으며

바다 가운데는 두 산이
서로 부딪치는 소리이고
긴나라 가운데는

퉁소 소리이며
모든 용의 성 가운데는
빈가 음성이고
야차가 머무르는 곳에는
용녀의 음성이며

아수라 가운데는
하늘북의 소리이고
인간세계 가운데는
바다 조수의 소리이니라.

타화자재천에는

묘한 향과
갖가지 온갖 꽃을
비내려 장엄하고
화락천에는
다라 꽃과
만다라 꽃과
택향을 비내리며

도솔천 위에는
마니를 비내려
갖가지 보배 장엄을
구족해서

상투 가운데 보배 구슬은
달빛 같고
가장 묘한 의복은
진금 빛이니라.

야마천 가운데는
깃대와 번과 일산과
화만과 바르는 향과
묘한 장엄구와
붉은 진주 빛의
가장 좋은 옷과
그리고 갖가지

온갖 기악으로 비내리며

삼십삼천에는
여의주와
견고하고 검은
침수 전단향과
울금과
계라다마 등과
미묘한 꽃과 향수가
서로 섞여 비내리며

호세 사천왕의 성 가운데는

좋은 반찬을 비내려
색과 향기와 맛을 갖추어
힘을 증장하고
또한 사의하기 어려운
온갖 묘한 보배를 비내리니
다 이 용왕이
지은 바이니라.

또 다시
저 큰 바다 가운데에는
내리는 비가 끊이지 않아
수레바퀴와 같고

다시 다함없는
큰 보배창고도 비내리고
또한 갖가지
장엄 보배도 비내리며

긴나라 세계에는
영락이 비내리고
온갖 색의 연꽃과
옷과 보배와
파리사가향과
말리향과
갖가지 음악 소리가

모두 구족하며

모든 용의 성 가운데는
붉은 진주를 비내리고
야차의 성안에는
빛나는 마니이며
아수라 가운데는
병장을 비내려서
일체 모든 원수와
적을 꺾어 항복시키며

울단월 가운데는

미묘한 영락이고
또한 한량없는
가장 미묘한 꽃을 비내리며
불바와 구야
두 천하에는
다 갖가지
장엄구를 비내리며

염부제에는
청정한 물을 비내리되
미세한 기쁨의 비가
항상 때에 맞추어

온갖 꽃과 열매와
약초를 길러내고
일체 모든 곡식의 싹을
성숙하게 하느니라.

이와 같은 한량없는
묘한 장엄과
갖가지 구름과 번개와
우레와 비를
용왕이 자재하게
다 능히 짓되
몸은 움직이지도 않고

분별도 없느니라.

그들이 세계 바다 가운데
머무르되
오히려 능히 이 사의하기 어려운
힘을 나타내거늘
하물며 법바다에 들어가
공덕을 갖추고서
능히 큰 신통 변화를
짓지 못하리오.

저 모든 보살들의

해탈문은
일체 비유로
능히 나타낼 수 없으나
내가 이제 이러한
모든 비유로
간략히 그 자재한 힘을
설하였노라.

제일의 지혜이며
넓고 큰 지혜이며
진실한 지혜이며
가없는 지혜이며

수승한 지혜이며
가장 수승한 지혜인
이와 같은 법문을
지금 이미 설하였노라.

이 법은 희유하고
매우 기특함이라
만약 어떤 사람이 듣고서
능히 인가하여
능히 믿고 능히 받고
능히 찬탄하여 설하면
이와 같이 하는 것은

매우 어려움이 되느니라.

세간의 일체
모든 범부들이
이 법을 믿는 이를
매우 얻기 어려우나
만약 어떤 이가 청정한 복을
부지런히 닦으면
옛적 인연의 힘으로
이에 능히 믿게 되리라.

일체 세계의

모든 군생들이
성문승을 구하고자 하는 이는
조금 있고
독각을 구하는 이는
더욱 다시 적으며
대승으로 나아가는 이는
매우 만나기 어려우니라.

대승으로 나아가는 것은
오히려 쉬우나
이 법을 능히 믿는 것은
배나 다시 어렵거늘

하물며 다시 지니고 외우고
다른 이를 위해 설하여
여법하게 수행하고
진실하게 아는 것이리오.

삼천대천세계를
머리에 이고
한 겁 동안
몸을 움직이지 않더라도
그것을 짓는 것은
어렵지 않거니와
이 법을 믿는 것이

어려우니라.

손으로
열 부처님 세계를 받들고
한 겁이 다하도록
허공 중에 머무르더라도
그것을 짓는 것은
어렵지 않거니와
능히 이 법을 믿는 것이
어려우니라.

열 세계 티끌 수의

중생 처소에
다 즐길거리를 보시하며
한 겁을 지내더라도
그 복덕은
수승하지 않거니와
이 법을 믿는 것이
가장 수승하니라.

열 세계 티끌 수의
여래 처소에서
모두 다 받들어 섬기며
한 겁을 다하더라도

만약 이 품을
능히 외우고 지니면
그 복이 가장 수승하여
저보다 많으리라.

이때에 현수 보살이 이 게송을 말씀하여 마치니, 시방세계가 여섯 가지로 진동하여 마군의 궁전은 숨어버리고 악도는 모두 쉬었다.

시방의 모든 부처님께서 널리 그 앞에 나타나셔서, 각각 오른손으로 그 정수리를 만지시며 같은 소리로 칭찬하셨다.

"훌륭하고 훌륭하도다. 이 법문을 통쾌하게 설함이여, 우리들도 모두 다 따라서 기뻐하노라."

〈대방광불화엄경 제15권〉

회향송

아차보현수승행
무변승복개회향
보원침익제중생
속왕무량광불찰

시방삼세일체불
제존보살마하살
마하반야바라밀

迴向頌

我此普賢殊勝行
無邊勝福皆迴向
普願沈溺諸眾生
速往無量光佛剎

十方三世一切佛
諸尊菩薩摩訶薩
摩訶般若波羅蜜

大方廣佛華嚴經 ─ 부록

·

대방광불화엄경 목차

·

간행사

대방광불화엄경
목차

⟨제1회⟩

제1권	제1품	세주묘엄품 [1]
제2권	제1품	세주묘엄품 [2]
제3권	제1품	세주묘엄품 [3]
제4권	제1품	세주묘엄품 [4]
제5권	제1품	세주묘엄품 [5]
제6권	제2품	여래현상품
제7권	제3품	보현삼매품
	제4품	세계성취품
제8권	제5품	화장세계품 [1]
제9권	제5품	화장세계품 [2]
제10권	제5품	화장세계품 [3]
제11권	제6품	비로자나품

⟨제2회⟩

제12권	제7품	여래명호품
	제8품	사성제품
제13권	제9품	광명각품
	제10품	보살문명품
제14권	제11품	정행품
	제12품	현수품 [1]
제15권	**제12품**	**현수품 [2]**

⟨제3회⟩

제16권	제13품	승수미산정품
	제14품	수미정상게찬품
	제15품	십주품
제17권	제16품	범행품
	제17품	초발심공덕품
제18권	제18품	명법품

〈제4회〉

제19권 제19품 승야마천궁품

　　　　 제20품 야마궁중게찬품

　　　　 제21품 십행품 [1]

제20권 제21품 십행품 [2]

제21권 제22품 십무진장품

〈제5회〉

제22권 제23품 승도솔천궁품

제23권 제24품 도솔궁중게찬품

　　　　 제25품 십회향품 [1]

제24권 제25품 십회향품 [2]

제25권 제25품 십회향품 [3]

제26권 제25품 십회향품 [4]

제27권 제25품 십회향품 [5]

제28권 제25품 십회향품 [6]

제29권 제25품 십회향품 [7]

제30권 제25품 십회향품 [8]

제31권 제25품 십회향품 [9]

제32권 제25품 십회향품 [10]

제33권 제25품 십회향품 [11]

〈제6회〉

제34권 제26품 십지품 [1]

제35권 제26품 십지품 [2]

제36권 제26품 십지품 [3]

제37권 제26품 십지품 [4]

제38권 제26품 십지품 [5]

제39권 제26품 십지품 [6]

〈제7회〉

제40권 제27품 십정품 [1]

제41권 제27품 십정품 [2]

제42권 제27품 십정품 [3]

제43권 제27품 십정품 [4]

제44권 제28품 십통품

　　　　 제29품 십인품

제45권 제30품 아승지품

　　　　 제31품 수량품

　　　　 제32품 제보살주처품

제46권 제33품 불부사의법품 [1]

제47권 제33품 불부사의법품 [2]

제48권　제34품　여래십신상해품
　　　　제35품　여래수호광명공덕품

제49권　제36품　보현행품

제50권　제37품　여래출현품 [1]

제51권　제37품　여래출현품 [2]

제52권　제37품　여래출현품 [3]

〈제8회〉

제53권　제38품　이세간품 [1]

제54권　제38품　이세간품 [2]

제55권　제38품　이세간품 [3]

제56권　제38품　이세간품 [4]

제57권　제38품　이세간품 [5]

제58권　제38품　이세간품 [6]

제59권　제38품　이세간품 [7]

〈제9회〉

제60권　제39품　입법계품 [1]

제61권　제39품　입법계품 [2]

제62권　제39품　입법계품 [3]

제63권　제39품　입법계품 [4]

제64권　제39품　입법계품 [5]

제65권　제39품　입법계품 [6]

제66권　제39품　입법계품 [7]

제67권　제39품　입법계품 [8]

제68권　제39품　입법계품 [9]

제69권　제39품　입법계품 [10]

제70권　제39품　입법계품 [11]

제71권　제39품　입법계품 [12]

제72권　제39품　입법계품 [13]

제73권　제39품　입법계품 [14]

제74권　제39품　입법계품 [15]

제75권　제39품　입법계품 [16]

제76권　제39품　입법계품 [17]

제77권　제39품　입법계품 [18]

제78권　제39품　입법계품 [19]

제79권　제39품　입법계품 [20]

제80권　제39품　입법계품 [21]

간행사

   귀의삼보 하옵고,

  『대방광불화엄경』의 수지 독송과 유통을 발원하면서 수미정사 불전연구원에서『독송본 한문·한글역 대방광불화엄경』과『사경본 한글역 대방광불화엄경』을 편찬하여 간행하게 되었습니다.

  『화엄경』은 우리나라에 전래된 이래 일찍부터 사경되고 주석·강설되어 왔으며 근현대에 이르러서는『화엄경』의 한글 번역과 연구도 부쩍 많이 이루어졌습니다. 그만큼『화엄경』이 우리 불자님들의 신행과 해탈에 큰 의지처가 되었던 것임을 알 수 있습니다.

  『화엄경』을 독송하고 사경하는 공덕은 설법 공덕과 함께 크게 강조되어 왔습니다. 그리하여 수미정사 불전연구원에서도『화엄경』(80권)을 독송하고 사경하는 데 도움이 되도록 한문 원문과 한글역을 함께 수록한 독송본과 한글역의 사경본『화엄경』간행불사를 발원하였습니다. 이『화엄경』간행불사에 뜻을 같이하여 적극 후원해주신 스님들과 재가 불자님들께 깊이 감사드립니다. 또한『화엄경』을 수지 독송할 수 있도록 경책의 모습으로 장엄해 주신 편집위원들과 담앤북스 출판사 관계자들께도 고마움을 표합니다.

  끝으로 이 불사의 원만 회향으로『화엄경』이 널리 유통되고, 온 법계에 부처님의 가피가 충만하시길 기원드립니다.

  나무 대방광불화엄경

불기 2564년 '부처님오신날'을 봉축하며
수미해주 합장

위태천신(동진보살)

수미해주 須彌海住

동국대학교 명예교수
중앙승가대학교 법인이사
대한불교조계종 수미정사 주지

사경본 한글역
대방광불화엄경 제15권

| 초판 1쇄 발행_ 2021년 6월 24일

| 엮은이_ 수미해주
| 엮은곳_ 수미정사 불전연구원
| 편집위원_ 해주 수정 경진 선초 정천 석도 박보람 최원섭
| 편집보_ 무이 무진 지욱 김지예

| 펴낸이_ 오세룡
| 펴낸곳_ 담앤북스
  서울특별시 종로구 새문안로3길 23 경희궁의 아침 4단지 805호
  대표전화 02)765-1251 전자우편 damnbooks@hanmail.net
  출판등록 제300-2011-115호
| ISBN_ 979-11-6201-298-7 04220

이 책은 저작권 법에 따라 보호받는 저작물이므로 무단전재와 복제를 금합니다.
이 책 내용의 전부 또는 일부를 이용하려면 반드시 저작권자와 담앤북스의 서면 동의를 받아야 합니다.

정가 10,000원
ⓒ 수미해주 2021